새재역에서

시산맥 감성기획시선 046

새재역에서
시산맥 감성기획시선 046

초판 1쇄 발행 | 2020년 5월 8일

지 은 이 | 정하선
펴 낸 이 | 문정영
펴 낸 곳 | 시산맥사
편집주간 | 이성렬
편집위원 | 강경희 안차애 오현정 정재분
등록번호 | 제300-2013-12호
등록일자 | 2009년 4월 15일
주   소 | 03131 서울특별시 종로구 율곡로 6길 36,
           월드오피스텔 1102호
전   화 | 02-764-8722, 010-8894-8722
전자우편 | poemmtss@hanmail.net
시산맥카페 | http://cafe.daum.net/poemmtss

ISBN 979-11-6243-109-2 03810

값 9,000원

* 이 책은 전부 또는 일부 내용을 재사용하려면 반드시 저작권자와 시산맥사의 동의를 받아야 합니다.
* 이 도서의 국립중앙도서관 출판예정도서목록(CIP)은 서지정보유통지원시스템 홈페이지(http://seoji.nl.go.kr)와 국가자료종합목록 구축시스템(http://kolis-net.nl.go.kr)에서 이용하실 수 있습니다. (CIP제어번호 : CIP2020015912)

새재역에서

정하선 시집

* 본문 페이지에서 한 연이 첫 번째 행에서 시작될 때에는 〈 표기를 합니다.

- 정하선 2005년

■ 차 례

1부

장선포 - 19
당신과 함께 정상에 오르고 싶다 - 20
양말 - 22
비 - 23
저녁 강 - 24
순천만에서 - 25
외식 - 26
수위 - 27
다리 - 28
강물 - 29
취한 말들을 위한 시간 - 30
잔밥 먹여주던 손 - 32
운주사 와불처럼 - 34
연가, 춘장대 - 36
비단 바람 - 39
빈말 - 40
헤어지다 - 41
새조개 - 42
잃어버린 종이배 - 44
등받이가 큰 의자 - 45
어긋난 길에도 - 46

2부

장맛비 — 49
해뜨기 — 50
율의 뒤쪽 — 52
홍어 — 53
겨우살이 — 54
담배 — 55
뜬 모 — 56
지하철 창 — 58
절터에서 — 59
소꿉놀이 — 60
동행 — 62
풍력발전소 — 64
소록도 — 65
새재역에서 — 66
간이역 — 68
짚 멱구리 — 70
어떤 날 — 71
강아지 — 72
논에 가면 — 73
쌀 — 74
아버지의 맨발 — 76

3부

백사장 – 79

방정식 – 80

가을 – 81

덧니 – 82

꽃이 꽃 되기까지 – 84

활 – 85

자벌레처럼 – 86

산행 – 87

정 맞은, 돌 – 88

호미 – 89

아들이 올려주는 결혼식 – 90

순례 – 92

대한민국 – 93

설 생각 – 94

개울 건너 기와집 – 95

연 – 96

시냇물 – 97

딸기농사 – 98

겨울 하늘 – 99

구운 생선 두 마리 – 100

4부

장마철 — 103
광대나물 — 104
방패연 — 106
사기그릇은 사기를 당한다 — 107
술 마시는 개미 — 108
시곗바늘 — 109
굴비 — 110
음식, 내가 만들어보니 — 111
비의 웃음 — 112
격 — 113
줄기 없이 피는 꽃이 어디 있으랴 — 114
평화의 전쟁 — 115
은하에 발 담그고 — 116
사랑으로 — 117
석류 — 118
궁남지에서 — 119
진도에 가다 — 120
실향민 김 씨 — 121
화해花蟹 — 122
이별 — 123
들꽃 — 124
생애 — 126
고향 3제 — 127
오래된 독서 — 130
억수장마 질려나 — 131
두부 — 132

1부

장선포

가슴속 겨우내 쪼그리고 앉아있던 걱정들
훨훨 떠나보내 버리고 싶어
찾아온 바다, 물은 이미 다 빠져나가고
갯뻘 뒤져 갯것 잡는 아낙들의 손놀림
근심 걱정 다 어디에 버리고 왔는지
등허리에 신발 묶고 길을 묶고
팔다리 걷고 허리 구부려 삶에 입 맞추는
아 그렇구나, 근심 걱정은 쐐기처럼
삶에 틈이 생기면 파고드는 것인 것을
나 호미 하나 얻어 들고 허리 아프도록
조개 찾아 갯뻘 헤집다 쳐다보니
마을 뒷산 기슭에 만발한 복숭아꽃

당신과 함께 정상에 오르고 싶다

저곳은 높지 않아요
내가 당신 손잡고 오르면
금방 오를 수 있어요
조금만 더 힘을 내봐요
작년에 계양산도 올랐지 않았어요
그때 당신이 어린애처럼 좋아했던 모습
그 모습 한 번 더 보고 싶어요
내년에는 더 못 오를지도 몰라요
내 손을 잡아요
조금만 더 오르면 돼요
힘을 내세요, 하루가 걸려도
다른 사람들 반 시간 가는 거리
가보자고요 당신과 함께
오늘 꼭 저 정상에 오르고 싶어요
우리가 지나온 길보다 더 험하기야 하겠어요
우리가 지나온 길보다 더 힘들기야 하겠어요
젊은 시절 봉두산 그 높은 곳에
하루에도 두 번씩 올라가 이고 지고 나무해오던
당신의 젊음 당신의 힘 도대체 누가 가져갔는지

자 내 손을 잡아요
조금만 더 오르면 돼요
당신 무릎 몹시 아프고 숨이 목까지 차도
내 손잡고 오르면
금방 오를 수 있어요
우리 죽기 전에 손잡고 올라가
세상을 한번 내려다보자고요
우리가 걸어왔던 길 한번
다시 내려다보자고요
조금만 더 오르면 돼요
자 내 손을 잡아요, 어서

양말

아침에 찾아드릴 때
말짱하던 양말이
저녁에 벗어놓았을 때
구멍이 나 있구나
구멍이 나도록 오늘 하루
뛰어다녔을 당신

조심조심 양말을 꿰매고
조물조물 손으로 주물러 빨아
햇볕 고운 곳에 바르게 펴 말리며

비

공중에 잔가시가 박힌다
살은 검은 구름처럼 어둡다
저 가시들 다 추려내면
해가, 환한 해가 뜨고
살은 유리처럼 맑아질 것인데

뼈가 있는 것들은 모두 다
어둠의 살로 자기 뼈를
감싸 보호하려고 애를 쓰면서

저녁 강

만 원짜리 신권 지폐처럼
푸르고 빳빳한 하루가
산골 물소리로 태어나
산뜻한 하루를 시작하였는데

낯모를 돌멩이에 부딪혀 구겨지고
예보에도 없던 비바람에 구겨지고
어디선가 달려든 흙탕물에 구겨지고

포장마차에서 소주 한 잔 마시고
술값으로 내미는 천 원짜리 지폐처럼 구겨진
오늘 하루가 어깨를 늘어뜨리고 흘러 들어가고
저문 어둠 속으로

순천만에서

사람은 직선으로 길을 내려 애쓰지만
물은 곡선으로 길을 내는구나

구불구불 낸 길 느릿느릿
때로는 어깨 들썩이며 춤을 추며 가다가
때로는 흥이 나면 조개껍질 들고 해찰도 부리다가
구불구불 낸 길 겨드랑이마다
짱뚱이 찔그미 옹기종기 집 짓고 살아라
뻘밭터 가만가만 다듬어주고
갈대들도 터 넓혀가며 살아라
한 옆구리 내어주기도 하고

깨 벗고 멱 감던 갯바닥
뜸부기 짝 부르던 갈대밭
어릴 적 나를 불러내 데리고
뻘밭 지나 모살 밭 지나와
지금 방천 둑에 함께 서 있으니

수묵으로 받아친 노을병풍 앞에
장엄한 오페라를 펼치는 오리·겨우·고니 떼들

외식

나는 가끔 그 집에 가고 싶다
예전에 한번 가본 적이 있는 집
육수를 잘 끓이는 여자의 집
마당 가득 달빛 하얀 집
먹포도 두 알맹이 달빛 속에 대롱대는 집
난초를 한쪽 귀퉁이에 심어놓은 집
복숭아꽃 붉은 등불 사계절 달아놓은 집
나는 지금 그 집에 가고 싶다
심줄 꼿꼿이 박힌 꽃등심 한 근 가지고 가
그 여자가 끓이는 육수 솥에 넣어
맛있는 참으로 맛있는 저녁을 먹고

수위

10년을 근무했던 수위가 떠나고 얼마 지나지 않아
아파트 주민들은 눈을 멀리 빼서 떠난 수위를 찾았지만

그가 근무하는 동안은
나무처럼 책임감이 있다고 말하는 사람도 있었지만
책임감 외에는 가진 것 없는 수위라고 말을 하는 둥
고집이 참나무 같다고 말을 하는 둥
요령이 버드나무만 못하다고 말을 하는 둥

청설모처럼 요령 많은 수위가
떠나버린 수위를 점점 갉아 먹어갈 때
청설모 수위가 행동이 재빨라서 좋다고
인사성 있고 요령이 있어서 좋다고
골짜기 풀들이 서로 엉켜 귓속말로 흉을 보듯
아파트 으슥한 계단에서 수군거리던 사람들이

청설모도 나무 수위가
있을 때 좋았지
지금은 별로라고
귀에 입에 손을 대고 바스락거리면서

다리

경험의 노둣돌보다 더
믿음직한 다리는 없으리

뒤돌아보면 그동안
수많은 다리를 건너왔네

여러 사람이 목도로 메어다 놓은
거목의 다리도 큰물 지면
떠내려가 버리고 흔적도 없이
수천 톤 철근콘크리트 다리도
때로는 폭파되고 때로는 무너지고

물소리 졸졸졸 따라오는
손 적셔 만지면서 건널 수 있는
다리도 건너고, 수많은 다리들을

경험의 노둣돌보다 더
믿음직한 다리는 없었네

강물

강물이 전부 다
바다로 흐르는 것은 아니다

어떤 강물은
농부의 가슴으로 흐르고

어떤 강물은
시인의 가슴으로 흐르고

수양버들 가지로 흘러
제 가슴에 그리움의 그림자를 드리우기도 하지만

어떤 강물은
사랑을 잃은 여인의 가슴으로 흐르기도 하나니

때로는 네가 강물이 되어서 내 가슴을 스며들고
때로는 내가 강물이 되어서 네 가슴을 스며들어서

취한 말들을 위한 시간
−바흐만 고바디 감독의 영화

취한 말들을 몰고, 지나온
과거의 고개를 넘는다, 차디찬

아이는 소가 없었다
기억 자 흰 할무니가 빌려놓은
소를 몰고 왔다
소 주인은 '막걸리 사다 먹여서 부려라'
마루 위에 서서 말했다
마구간에서 소를 몰고 나오는 아이를 보면서

그 집 아이는 가방을 메고 학교로 가고
아이는 쟁기를 짊어지고 소를 몰고 논으로 왔다

쟁기질해줄 사람을 기다리기 한 참
쟁기질해줄 사람이 와서 쟁기질을 시작하면
아이는 주막에 가서 막걸리 두 되를 사 왔다

한 되는 대두병에 담긴 채로
소의 입에 거꾸로 넣어 소에게 먹였다

한 되는 쟁기질꾼의 새참이다
아이는 오전 오후 두 차례 막걸리를 사 왔다
대두병 두 개씩 사 왔다

아이는 풀을 두 짐 베어야 했다
한 짐은 밥솥에 쇠죽 쑤어 소의 점심으로
한 짐은 소 주인집에 져다 주었다
쇠죽 쑬 나무도 한 짐 져다 주었다

아이는 세 살 때
여순반란사건 진압대의 양민학살로
죄 없는 아부지를 잃었다
아이가 열 살 때 엄니가 다른 남자의 품에 안겨 갔다

여든이 넘은 허리 굽은 할무니와 노망기 있는 하내와
두 살 어린 여동생,

소를 하루 빌려온 대가로 이틀 등짐을 해주어야 했다
쟁기질꾼 하루 쟁기질해준 대가로 이틀 일을 해주어야 했다
아이는 그렇게 노동에 취해서
평생을 노동에 취해서
차디찬 고개를 넘고 넘으면서

잔밥 먹여주던 손

이제는 없다

다리가 아파도
어깨가 아파도
머리에 열이 날 때도
배가 부글부글 끓어오를 때도

조롱박에 쌀 고봉으로 담아
보자기로 싸서 단단하게 움켜쥐고
아픈 곳 문지르며
잡귀는 이 쌀 먹고 썩 물러나라
주문을 외던
할머니의 손

신기하게도 보자기 열면
쌀은 한쪽이 움푹 비어있고

나는 씻은 듯이 낫고

〈
내 몸에 정말 잡귀가 침노했었나
손주 아끼는 할머니의 손이 무서워
잡귀는 쌀 한 줌 얼른 먹고 도망을 갔나

운주사 와불처럼

아따,
이 양반들

고흥 유 씨
잔치마당에
댕겨왔당가

석바탱이
막걸리 맛이
을마나 좋았건디
저 모양이랑가

코가 뭉그러지게 취해서
풀밭에 비스듬허게 앉은 양반
벌떡 누워있는 양반

그렇게 한 천년 들어 누워있어도
거시기 머시기 그렇께
암시랑도 않겠어

〈
철없이 나무 뒤에 숨어
소리 죽이고 깔깔거리는
새댁 같은 꽃들만 아녀도

연가, 춘장대 3제

1제

마음이 헝클어져 가닥 못 추릴 일 있을 때
춘장대 바닷바람에 머릿결 한 번 날려보세요
한산지처럼 결 고운 백사장에 파도소리 수놓는
품격 고운 여인 같은 솔향기가 배어 나오는 해변과
나란히 누워 별 헤다 잠이 들어 보세요

첫사랑 여인의 웃음 같은 물이랑마다
여름 소나기 불러 한 줄금 맑은 빗방울로
쭈꾸미 씨를 뿌리고
달밤에 물비늘로 은빛 전어의 옷을 해 입히는
가을엔 자락자락 노을 곱게 개켜두었다가
겨우내 동심의 가위로 잘라 천만 송이
동백을 접어 접어 서천의 봄을 만드는
맑은 영혼들을 만나보세요

물렁물렁했거나 흐물흐물해진 시간들이 씻겨나가고
젖어있던 마음이 보송보송해진 자리
백합조개처럼 단단해진 날들을
캐어 가실 수 있을 겁니다, 항상 맑을

2제

바닷물과 백사장이
서로의 입속 깊숙이
혀 넣고 애무하는 여인
춘장대
동백이 핀다, 동백정.

내 블로그 문을 열고
해초 내음 연초록 풍기며
버선발 들여놓던 여인
춘장대
동백이 핀다, 동백정.

서천 어딘가 산다면서
작은 섬처럼 속삭이던
백합조개 같던 여인
춘장대
동백이 핀다, 동백정

3제

둘이 걷던 해변의 한산지 백사장에
고운 이름 하나 수놓고 옵니다
동백꽃 주어다 치장할까 하다가
조개껍질 일곱 개 주어놓고 옵니다

해변에 솔바람 나 대신 노래해 주라고
동백꽃 해마다 나 대신 피어주라고
저녁놀 비단이불 나 대신 덮어주라고
마음속에 가만히 두 손 모으며 옵니다

비단 바람

삼복을 찌는 불볕 길
먼 친척집 돈 빌리러 가는 길
살랑, 불어오는 바람
아내가 말한다
'울 엄니 치맛바람이네'

빈말

이것 좀 드셔 보셔요
편지 부치러 간
우편취급소 앞마당
전라도서 온 아주머니 내외분
두 분이 앉아서 식사하시다
조금밖에 남지 않은 밥을 권한다

전 방금 사 식사하였습니다
맛있게 드세요
나는 아직 식사하지 않았지만

서울에서는 못 보았지만
전라도에 가면
먹지 않아도 배가 부르는
빈말이라는 말이 있어

헤어지다

낙화,
그것은
아름다운 외로움
눈가에 뱃고동
바람에 쏟아지는 별
천년의 뒤안
토란잎 위의 이슬

*오늘이 천년 후이고 천년 후가 오늘 아닌가

새조개

세월, 얼마나 오랜
새를 꿈꾸며 진화해 왔던가
새가 다 되었지만 머리는
날개 얻지 못한 채 꿈 접어 넣은 가슴
울음 젖어 이울거지 되어 버린 깃털

부리는 부드러워 벌레 한 마리 쪼아 보지 못하고
오직 뻘과 해초 뜯어 목숨 이어온 한 생
하늘 바라 얼굴 들지 못할 일 없을 텐데

피조개 사는 큰 기와집 동네 살지 못하고
등 넘어 잘피 우거진 초가 동네 움막촌
단칸 초가 하나 빌려 살 수밖에 없는,
얕은 물에 사는 우리, 꿈은 가끔 깊어도

가난해서 못난 놈은, 못난 놈들끼리
어울려 살아갈 수밖에 없는 이 갯벌
못난 놈들은 꾐에도 쉽게 빠지는가
못난 우리들 맛 좋다는 꾐에 잡혀가

하늘로 올라가는 푸른 연기 한 가닥
마음은 아니지만 위안의 수의 입혀 말한다
그렇게 살고 그렇게 죽는 것도 맛이라고

잃어버린 종이배

시냇물 졸졸졸 흐르고 있는데
종이배 만드는 걸
잊어버렸어요
쓰고 싶은 이야기
보내고 싶은 이야기
가슴 가득 쌓였는데
종이비행기 만드는 걸
잊어버렸어요
꿈꾸던 때 뒤로하고
너무 멀리 너무 멀리
와버렸나 봐요
접어보고 또 접어보아도
색종이만 버리고 있어요

시냇물 졸졸졸 흐르고 있는데

등받이가 큰 의자

햇살 색실로 드리운
맑고 두터운 공중의 창 앞
등받이가 큰 아버지의 갈색 의자에
등을 포근히 묻고 있던
감나무 잎말이충 번데기
한 마리 날개 펼 채비를 한다

밑에 자벌레 한 마리 기어가고

어긋난 길에도

어긋난 길에도
꽃은 피고
열매는 익더라

*인생길 어디 바로 가는 길이 있던가

2부

장맛비

왜 이러크롬
날마다 비만 온다냐
하늘이 빵꾸가 났는가 어쩡가
저 놈의 비뿌랭기를 그냥
확 뽑아부렀으먼 좋겄는디

엄니
비뿌랭기를 다 뽑아 불면
가물 때는 어쩔라고
비뿌랭기를 솎아내야제

해뜨기

동해
바닷가에 가면
새벽이 밀려오는 해변에서
해뜨기 낚시꾼들을 만날 수 있다
금빛 지느러미 팔딱거리는
저마다의 등 푸른 아침을
낚고 있는

수평선 한 가닥
릴대 끝에 매달아
멀리 던지고
해뜨기 한 마리 낚아 올려
아침을 짓는다
파도를 쫑쫑 썰어 넣고
갯내음 한 숟가락 떠 넣어

동해
바닷가에 사는 사람들처럼
바다 향해 허리 구부리고

뿌리박고 서있는 소나무들
어제저녁 숙취도 없이
짙푸른 잎사귀 펼치고 있는 모습들

도시에 찌든 속을 상큼하게 바꾸려면
나는 동해로 간다
해뜨기 한 마리 낚아 올려

율의 뒤쪽

미와 파 사이
꽃잎 행간에
가슴앓이로 누워있는
한 가닥 소리를 찾아
반음계 더 내려가고 싶지만
보폭을 맞추어야 하는 나의 걸음
여백으로 뛰어넘기엔
코끝이 시린 한 계단
어디선가 들은 것 같은
어디선가 들려올 것 같은
여리고 가느다란 소리의 빛
맑은 빛살 한 가닥
귀를 열지 못한 채
아직은 귀 문밖에 서서
서성이는

홍어

너깐 놈도 사내라고
좆이 두 개라도 달렸간디
마누라 하나 닦달 못 함스로
겨우 막걸리 한 되 시켜놓고
술장시라고 날 깔보는가 본디
보들보들한 이년에게도
툭 쏘는 성깔머리는 있응께
날 건들 들 말라고 잉

술상 밀치고
치맛자락 잡는 남정네 손목
나꿔채 뿌리치고
부삭으로 들어가는 목포댁

나풀나풀
헤엄을 치는
궁둥이가

겨우살이

참나무 꼭대기 거친 가지 하나
붙잡고 살아왔네
찬바람에 삼천 마디 뼈마디
들어내며 살아왔네

녹색으로 물들며 억지로 물들며
추우면 추울수록

담배

아껴도 아껴도 이제
몇 개비 남지 않은
담배

처음 한 갑 헐어
서너 개비 피웠을 때
영원히
못다 피울 줄 알았었는데

어느덧
반 갑 넘고
아끼면 아낄수록 자꾸만 더
빨리 줄어드는

이제 몇 개비나 남았을까

주머니 속에 남은 쪼그라진 담뱃갑
처럼, 아무리 펴보아도 펴지지 않는

뜬 모

꽃눈에 맞추어
정연하게 모심기 끝난 논에
한 포기라도, 빈자리 있나 살펴
뜬 모를 한다[*]

여러 자식들 중 하나쯤
방황할 수도 있겠지만
열 자식이면 열 자식 다
제자리에 제 역량 것 자리 잡아
잘 자라주기를 바라는 것이
부모의 마음

제자리 못 잡고 떠다니는 모
제자리 찾아 심어준다
비틀게 서 있는 모
바르게 심어준다
빈자리엔 양자모를 채워주며
제 몫 다해 잘 자라주기를 바라면서

한 포기 한 포기 정성 가득 담아

뜬 모를 하는 저

*뜬 모를 한다 : 모내기를 한 후, 모 심어놓은 논에 빈 곳을 찾아 자리 잡지 못하고 떠다니는 모를 다시 심어주는 일을 보통 입말로 뜬 모를 한다고 함. 보식.

지하철 창

내가 나를 두고 나가; 창밖으로 나가
나 아닌 내가 되어
나를 따라온다
밝은 불빛 아래 손잡이 하나 붙들고
흔들리는 나를 흉내 내며
아무 소리 없이 말하는 나를 흉내 내며
생각하는 나를 흉내 내며

밝고 따뜻한 전철 안에 서 있어도
불평 많은 나의 생각을
어두움 속에서도 태연스레
불평 없이 나를 따라오는 나 아닌 나

어두우면 어두울수록
더욱 또렷해지는 나 아닌 나를
저기 따라오는 나를
내 안으로 끌어들일 수는 없을까

날마다 지하철을 탄다,

절터에서

봄이 오는 줄도 모르고 묵상하고 있는 산
경칩 무렵 숨 가파르게 절터에 오르니
주춧돌 몇 정좌하고
경전인 양 햇볕을 펼쳐 들고 있다
기왓장들은 승복 입은 보살처럼
여기저기 흩어져
전생의 업인 양
제 할 일 하고 있다
어떤 것은 어린 풀을 덮어주고 있고
어떤 것은 제 몸 깨진 줄도 모르고
굴러온 돌덩이를 어깨로 받치고 있고
밥풀꽃나무 사이로 피어오르는
봄 안개, 지금 땅속 어디에서 한 솥
따뜻한 공양밥을 짓고 있는

소꿉놀이

애야 빨리 오너라
소꿉장난 그만하고
어머니가 부르는 소리

차려놓은 밥상은
작은 인형들은
나와 같이 놀던 각시 귀말이는

그대로 둔 채
모든 것 다 그대로 둔 채
어머니가 부르는 소리
애야 빨리 오너라
소꿉장난 그만하고

아무리 맛있는 반찬에 저녁밥을 차려놓았다 해도
조개껍질 가득 클로버잎 담아 차린 이 밥상보다
작은 인형에게 먹이는 빨간 성냥개비 밥 수저보다
아무렴 더 맛있을까

〈
그래도 어머니가 부르는 소리
하늘에서 부르는 소리
빨리 오너라
애야 소꿉장난 그만하고

동행

앞서서 걸어가는
가을 햇살 반짝
스님 머리 반짝

언젠가 가스레인지 켜놓고
그만 깜박 잊어먹고
솥 태워버렸을 때
오른쪽 어깨 빠지도록
쇠수세미 문질러 닦아도
아무리 용서를 빌어도
그렇게 닦이지 않던
검게 타버린 솥

평생 길 닦는 스님도 있는데
이까짓 솥 하나 못 닦아
오기에 오기를 더하기 해보았지만
한 시간 못 참고 하루 못 참고
내다 버린 솥 지금 어디에 있을까
검게 타버린 가슴 안고

〈
앞서 걸어가는 스님
그림자 다칠까 보아
몇 발짝쯤 떨어져 걷는데
스님은 나와 같이 가려고
한사코 발걸음 늦추며

풍력발전소

바람이 내 손 잡아주면
내 몸 휘감아 안아주면
내 가슴은 보이지 않는
내 가슴은 알 수 없는
힘으로 가득 채워진다
가슴 가득 터질 것 같은
뜨거워진 심장의 피

소록도

별이 빠져 죽어
태어난 작은 사슴

안개비 내리는
척박한 옥토^{沃土}

밤마다 꿈마다
그리운 뱃길
좁은 바다를 건넌다

새재역에서

어두운 새벽길 십 리 자전거에
고추 세 자루 실어다 퍼 놓고
아내가 이고 오는 고추
마중하여 내린 뒤
나무의자에 앉아 한숨 돌리고
남광주행 첫 차표를 산다

물에 말아 먹은 찬밥이
걸어온 십 리 길 깊이만큼
가라앉지 못하고 꿀렁거린다
땀 식으니 이마에 가을이 차다

오늘은 꼭 들렀다 오리
광주서 자취하는 자식들 얼굴
그리운 다짐으로 만져보지만
고추 팔기 바쁘게, 오후에 또 고추 따야
내일 팔 것이란 생각 밑에

"오늘은 운수 좋아

가다가 찻간에서 떨이하게 해주씨요."
고기 함지박 내리며 장선포 안면 많은 아주머니
눈인사를 하고

간이역

깃발로 보내고
정으로 붙잡는

간혹 참새들이 앉아
도란거리기도 하는
나무벤치 하나

보따리 하나 앉았다
푸른 깃발을 꽁지에 달고
새처럼 떠난 자리
소복이 눈이 쌓이기도 하고

비에 젖은 신문지 조각이
햇볕에 때로는 말라가고
빛바래어가고

밤이면 촉광 낮은 불빛 두엇
조름에 겨운 눈을 보로시 뜨고
느린 열차를 타고, 오지 않아도 올 것같이

눈으로 잡아당기는 두 줄기 가는 레일

이 밤도 막차는 삶에 젖은
장사꾼 두엇 되돌려주고
그냥 주저앉아 살고 싶은 걸
떠나는 양 뭉그적뭉그적 거리며
희미한 차창으로 아무도 몰라주는
마음을 내어흔들며

손 흔들어 보내고
정 내밀어 눈으로 붙잡는
어머니 옷을 입은 그녀 같은
나무로 지은 오래된 역사가 서 있는

짚 멱구리

큰골서 시집오신 덕촌 형수는 고운 짚 멱구리
언제나 곡식 가득 채워져 있는 고운 짚 멱구리
누군가 퍼내가도 얼굴 가득 넉넉한 미소만 띠고
어쩌다 비었을 때도 접히지 않는 고운 짚 멱구리

어떤 날

연상의 애인 하나 갖고 싶다
떨어진 잎 젖어있을 때
토담 벽 아늑히 어둠을 돌아들면
창호지 은은히 기다려줄 불빛

저고리 옷섶에 살짝 기대면
젖가슴 포근히 내 몸을 녹이고
산뜻이 풀 먹인 치마폭에선
누님 같은 엄니 냄새가 나는

강아지

강아지 꼬리에
방울을 달았더니
딸랑딸랑 딸랑딸랑
강아지 자꾸만
꼬리를 물어보려고
빙글빙글 빙글빙글

한 세상 살아가기란
저처럼 돌고 돌아가는 것
딸랑딸랑 딸랑딸랑
유쾌한 소리 찾아
내 꼬리 내가 물고
돌아가는 것

논에 가면

논두렁콩은 항상 내 발소리를 기억했다
아침마다 반가운 눈물인 양
내 바짓가랑이를 적셔주는 애교를 부리고

피는 벼 사이에 보일 듯 말 듯 자리 잡아
내 눈을 피해 항상 딴전을 부린다
귀신같이 몸을 감출 때도 있다

못자리하던 날
내 기도를 기억하는 나락은
가을까지 잊지 않고
고개 숙여
감사의 인사를 하고

쌀

오늘 쌀 두 자루 부쳤다
둘째랑 나누어 먹어라
올 농사도 개답 큰 들에서 젤로 잘 됐단다

벌써 몇 년째구나

죽은 네 어미가 뒤를 봐준 덕이라고
진담 반 농담 반 말들 하지만
암말도 안 한 내 심정을

남들이 어찌 알 건냐
황망히 떠나보낸 이 심정을
들일에라도 정성을 쏟지 않으면
속이 헛헛해서 어찌 살 건냐

저번에도 옆집 보성양반이
홀아비 오줌발이 독해서
나락이 잘 되었다고
막걸리 한잔 걸치고 기분 좋아 놀려대기에

한바탕 걸게 퍼부어주고 생각하니
무단히 그랬단 생각이 들더라
흉허물 없는 사이라 그랬던 걸

돈으로 치면 몇 푼 되겠냐만
네 어미가 봐준 거라 생각하고
한 톨도 허투루 말고
맛나게 먹어라

애기들 시험공부 땜에
짬 내기 어려울 줄 안다만
춥기 전에 한 번 내려왔다 가면
안 되겄냐

아버지의 맨발

곡식은 주인 발소리 듣고 자란단다

아버지가 들에 나가시거나 흙 묻은 맨발로 들에서 들어오시는 것은 늘 있는 사소한 일이었으나 그 사소함이 진실로 진실을 여물게 하여 더 찬란한 더 따뜻한 빛이란 빛은 그 어디에서도 형용사를 허락하지 않을 것 같은 황금빛 가을을 우리 마당 가득 채워놓았으니

방아를 찧자 아버지의 발자국같이 수도 셀 수 없는 왕겨들이 쏟아져 나왔다 아버지의 발자국 하나하나가 다 저 왕겨가 되었을까 거칠 대로 거칠어지고 발뒤꿈치 갈라져도 헝겊 배접으로 아픔을 감추시며 우리를 위해 평생을 걸으셨을

평생을 밟아온 발자국 걷어가시듯 가벼워져서 허공으로 날아가는 왕겨

3부

백사장

1, 파도

돌아온 바람

물과 만나
거칠어진 숨소리

2, 백사장

나는 물이 낳은 자식
온몸이 물결무늬

바람이 가끔 찾아와
쓰다듬어주기도 하는

방정식

거미 한 마리 내 방 구석에
거미줄 쳐놓고 살고 있다
언제부터인지는 모르지만
꽤 오래된 것 같다

이중창에 방충망까지
바퀴벌레는 약으로 다 죽이고
도대체 저 거미는
무얼 잡으려 저기에 숨어
그물을 치고 기다릴까
그렇다고 이태백처럼
시를 짓거나 세월을 낚는 것은 아닌 것 같고
아무리 보아도 먼지 외에는
벌레 한 마리 없는 방에서
몸이 불어나고 커가는 것을 보면

어떻게 살든 삶에는 보이지 않아도
다 살아가는 저마다의 공식
삶의 방정식이 있는가

가을

오늘은 시간을 넉넉히 가지고 왔습니다
술이나 한잔 마시고 갈까요
송강이 다 뜯어내어 꽃잎 없거든
낙엽 주워다 산 놓으며
마시고, 마시고 마시다 흰 눈이 내리면
주모의 허벅지보다 더 하얀 눈이 내리면
눈 위에 이 분의 일 박자 음표를 찍으며
별밭에 지슴 매며 갈까요

언제 지제 뿌릴지 뉘 알리
비 내리면
떨어진 낙엽마저 젖어버리고

덧니

헝클어져 살아도
정다운 이웃
밀려나 있어도
다툼 한번 없다

너와 나는 대등한 존재
서열일랑 말하지 마라
질서일랑 말하지 마라
정답게 살기 위해
질서는 우리 앞에 있지 않으냐

내가 뒤에 있은들
네가 뒤에 있은들
서로를 의지하면 그뿐
너와 내가 헝클어진다면
오해로 엉킨 일들
이해로 풀어보자

울타리는 없어도 좋다

우리 함께 헝클어져 살아도
정다운 이웃
세상의 울타리가
있지 않느냐
따뜻한 입안 같은

꽃이 꽃 되기까지

꽃이 꽃다운 색깔을 얻기까지
얼마나 많은 하루를 아침이슬로 가슴속까지 닦아
얼마나 많은 하루를 맑은 햇살로 가슴속까지 물들여

꽃이 꽃다운 향기를 얻기까지
얼마나 많은 날을 바람의 유혹 손사래 쳐 보내고
얼마나 많은 고전을 발끝 세워 가슴에 쌓았던가

꽃이 꽃이라 불리기까지
얼마나 많은 생각을 다듬잇돌로 눌러 죽이고
얼마나 많은 욕심을 낚시에 걸어 낚아내고
얼마나 많은 요령의 종아릴 회초리질 했던가

꽃이 꽃이라 불릴 수 있다는 느낌을 받고도
봉오리로 뭉치고도 몇 날을 더 뒤돌아보고 가다듬어
산고의 고통으로 다시 한번 확인하며 피워냈을

활

내 윗입술이
활 같이 생기지만 않았어도
말의 화살을 쏘지는 않았을 것인데
뽕나무 뿌리로 만든 성능 좋은 활이
윗입술에 붙어있어
수도 없이 공중으로 화살을 날리었구나
모양이 아무리 좋아도 활은 활
오발이 많은 내 말의 화살들

자벌레처럼

인생을 순례길처럼 살아갈 수 있다면
오늘 하루를 살아도 진정 행복할 것이리
가시가 나를 찔러도 진주처럼 감싸 안으며
묵주 알알이 걸음걸음을 기도로 세면서
삼보일배를 하는 마음으로 오늘 하루를 소중하게
인생을 순례길처럼 살아갈 수 있다면

산행
―정상에 오르려면

정상에 오르기 위해서는 정상을 보지 말아야 한다
앞만 보며 올라가야 한다 길은 하나밖에 없는 외길
발 앞에 개울이 있으면 개울을 건너야 하고
눈앞에 암벽을 만나면 암벽을 타고 올라야 하고
단 한 가지 목표가 정상이라는 것은 잊지 않아야 할

정 맞은, 돌

사랑을
화전인 줄 알고 먹었더니
정 맞은, 돌파편이 들어있었던가

몸에 박혀
가슴속 여기저기 기웃거리며
입맞춤으로 붉어진 간을 후비다가
돌아선 모습 보며 파래진 쓸개를 찢다가

날카로운 모서리로
내 몸 구석구석을 찌르며
무덤까지 같이 가자고 협박을 하는

호미

젊은 호미들 다 일 나가고
늙은 호미 하나 헛간 벽에 걸려있다
키 작아지고 어깨는 좁아졌어도
날카로운 기운은 쇠하였어도
아직은 일을 하고 싶다
큰 밭까지는 못 가더라도
텃밭이라도 나가고 싶다

헛헛한 마음 어찌 알고
밭 거쳐 찾아와 준 초록바람

아들이 올려주는 결혼식

나이가 좀 많은 신랑 신부예요
주례 청탁을 받은 예식장의 예약실에 들렸을 때 실장이 한 말이었다
요사이는 나이 많은 신랑 신부들 많아요 보통 40대도 많은 데요 뭘
여기는 그보다 더 많아요 올해 신랑 신부 다 같이 예순하나 래요
그러면 회갑, 늦게 결혼하시는 건가요 아니면 재혼? 나는 재혼 주례는 반갑지 않은데요 어쩌다 사별이면 몰라도 이혼하고 다시 재혼하는 사람들 다시 이혼할 가능성이 구십 프로거든요 그건 그렇고 두서너 살 차이 난 분들에게 무슨 말을 해드려요
축사처럼 해드리면 될 것 같은데요
화장하지 않은 늙은 주름이 화장하여 젊어진 두 주름에게 멋쩍은 주례사를 하였다, 금슬 좋게 잘 살라는
결혼식 끝날 무렵 신랑님의 아들이라면서 인사말을 하겠다고 하였다 아들 내외가 손자 손녀 데리고 나와 정중히 인사하고 인사말로 하는 말, 부모님이 가난한 가정에서 태어나 자라셔서 예식을 못 올리고 저희 낳

아 기르시느라 써보고 싶은 면사포 못 써보시고 평생을 살아오셨습니다 오늘이 아버님 회갑 날입니다 저희가 아버님보다 앞서 결혼식 올리고 아이 낳아 기르는 불효를 하였습니다 늦었지만 오늘 여기서 결혼식을 올려드리고 피로연 겸 회갑상을 차려드리려고 합니다 하객님들 행복하고 흥겨운 하루 보내시길 바랍니다

  잔칫상 뒤에 펼쳐놓은 병풍 속에서 주름이 주름이 아닌 웃음의 하회탈이 더덩실 더덩실 춤을 추고 있고

순례

　순례, 탱자나무 울타리 안 과수원집 딸, 순례
　멀고 먼 길 그녀를 사랑하는 길은 그녀를 만나러 가는 길은 성지로 가는 길
　탱자나무 가시 등에 찔리며 배를 땅에 붙이고 좁고도 좁은 구멍 통과해야 하는 길
　사랑을 하는 길은 성지로 가는 길
　탱자나무 가시보다 더 날카로운 가시밭길 헤치고 살다 이제야 가는 고향길 그 먼 성지엔 순례의 얼굴이 추석 달로 떠 있고

대한민국

헌법 66조 3항
대통령은
조국의 평화적 통일을 위한
성실한 의무를 진다

설 생각
−진달래

쌀 돈 사서
꽃신 사 가지고 오신다더니
장에 가신 어머니

아직 오시지 않네

쌀장사가 오지 않았을까
신장사가 오지 않았을까
아님 저기 저 산 고개
앞산 고개 넘어오시다
아직까지 쉬고 계실까

고갯마루 쉼터
널려있는 꽃신

개울 건너 기와집

개울 건너
산 밑에
기와집

살구꽃 피고
능금꽃 피고

뒤안에는 감이 주렁주렁
마당가엔 유자가 방싯방싯

강아지랑 송아지
장난치며
마중 나오는

연

피라미인가 미꾸라지인가
잉어인가 살며시 다가와
옆구리 찔러 무엇인가 주려 해도
고개 살래살래 저어 모른 척
조용한 미소만 가득

잎 위에 빗방울 얹어주고
검은 구름 낮게 엎드려 아부해도
손바닥 살며시 기울여버리고
한 방울도 가지지 않으려 애쓰는
빈손

시냇물

산골 옹달샘에서 내가 태어날 때
내가 태어나고 싶어 태어난 건 아니지만
모두들 축복하여준 탄생이었는데
맑게, 맑게 흐르라고 빌어준 축복이었는데
다른 물과 섞이면서 점점 몸은 커지고
내가 날 속이고 더러는 탁해질 때도 많아
조용히 노래 부르며 흐르고 싶어도
여울을 만나 소리소리 소리 지르기도 하고
바위에 부딪혀 깨질 것 같은
아픔을 겪기도 한다
품엔 예쁜 무지개송어나 은어를 품는
꿈을 꿀 때도 있었지만 때 되면 다 떠나고
그렇게 그냥 그렇게 우물쭈물 살아온 세상
긴 여정 바다에 내려놓으려 할 때 되면
편안하게 펼쳐지려나 고운 석양빛 한 폭

딸기농사

나는 한때 딸기농사를 지었다
딸기는 추위를 겪어야 비로소 꽃이 피고 열매를 맺는다
봄이 아닌 초겨울 값이 비쌀 때 익은 딸기를 따 팔기 위해서는
늦은 봄 모종을 채취해서 냉장고에 넣어
일정기간 모종에 추운 겨울을 만들어주어야 한다
나는 딸기농사를 지은 뒤에야 그걸 알았으니

겨울 하늘

사람살이란 겨울 하늘색
깊이 들여다보면 들여다볼수록
슬프고도 추운 색깔

구운 생선 두 마리

작은댁 할아버지 풍채 좋으신 할아버지
키 크고 몸집 좋으시고 백발에 흰 수염은
삼국지에 장비가 늙었으면 아마 그런 모습 아니었을까

나그넷길 가시다 주막집에 들르시어
점심밥 시켰는데 주모가 가져온 밥상이
낯모를 젊은이와 겸상을 차려왔더란다
구운 생선 두 마리가 놓였는데 보아하니
아래 생선은 크고 위에 생선은 작아서
젊은이가 위에 생선을 집어가고 나면
아래 큰 생선을 먹을 것 하고 참고 있는데
젊은이가 젓가락으로 생선을 발딱 뒤집어엎더니
큰 것을 달랑 집어가더란다
할아버지 대뜸 젊은이 뺨을 냅다 후려갈기며
이런 후레자식이 있나

4부

장마철

목젖 환히 보이도록
웃으며 살고 싶지만 꽃처럼
그게 어디 마음대로 되는 일인가
어 하하하하하 하하하하하
웃음치료사가 억지로 웃음을 웃듯
억지로 벌려놓은 꽃잎을 보면
어딘가 더 슬프고 더 쓸쓸함이
비설거지 해놓은 뒤안의
눅눅해지고 곰팡이 핀 담뱃잎같이
축 늘어진 아픔의 무늬가 되고

광대나물

할머니의 땀내 나는
치맛자락엔
자락자락 끈기의 짙푸른
아픔이 묻어있어서

가슴 가득
울음이 찰랑거려도
얼굴은 꽃으로 위장하고
살아온 우리 가족

순하디 순한 밭고랑에
태어난 것이 죄라면 죄인데
사상이 이념이 무엇인지도 모른 채
동족에 끌려가 죽은 아버지의

고아라고 쏘아준 무시의 화살이 가슴을 뚫어서
동정의 손에 숨은 손톱에 할퀴어서
마디마디 상처 난 아픔의 수액이
흐르고 흘러 얼음이 되어버려도

〈
살아야 한다고 버티어온 한 생
미친 듯 웃음을 터뜨려보고 싶다
가슴속에 울음이 찰랑거려도
광대가 되어 광대처럼

방패연

삶은,
바람 부는
공중에 떠 있는 것

이 바람 저 바람에
뺨 맞아 흔들리거나
비칠거려도

땅바닥에
곤두박질쳐지지 않으려
몸부림치는 것

세상살이 헛헛함
가슴 복판에 뚫린
구멍으로 들이마시며

한사코 의연한 척
붙잡고 지탱해야 할
그 줄 하나, 가족

사기그릇 사기를 당한다

사기다
눈도 속는다
귀도 속는다
혀도 속는다
목구멍도 속는다
내장들도 다 속는다
참기름 바람잡이에
참깨들 고소한 꾐에
소금의 하얀 거짓말에
소금이 감춰둔 짜디짬에
고춧가루의 새빨간 거짓말에
고춧가루의 매운 협박에
너도 속고 나도 속는다
두부 하나 안고 살려 했는데
두부마저 양념에 물들어

술 마시는 개미

회사,
나갈 수도 없고
안 나갈 수도 없고
그래도 나가야 한다

삶은,
계륵과 같은 것
죽을 수도 없고
살 수도 없고
그래도 살아야 한다

입에 넣고 씹어야 한다
넘어가지 않아도
넘기기 위해서
이빨이 아프도록
질경질경 씹어야 한다

술 한 잔으로 적셔
넘겨야 한다

내일도 출근을 한다

시곗바늘

너처럼 성실한 사람이
어디에 있겠느냐
너처럼 과욕을 탐내지 않는 사람이
어디에 있겠느냐
너처럼 지나온 날을 후회하지 않는 사람이
또 어디에 있겠느냐

만났을 땐 서로 안아주고
헤어져도 아쉬워하거나
슬퍼하지 않으며

내일을 향해 꾸준히 또박또박
곁눈 팔지 않고 자신이 가야 할 길을
가는 너
너 가는 발걸음 소리가 맑고도 맑아

굴비 - 박수근의 굴비

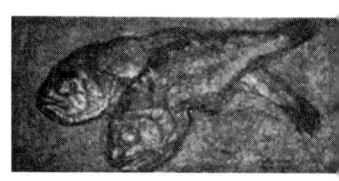

화가 박수근의 굴비가
내 기억의 어린 방에 걸린다
비굴하지 않은 품위가 은은히 밴
땀 절은 삼베 잠방이 삼베적삼을 입고
죽석 방바닥에 사랑하는 마음으로
나란히 누운 할아버지 할머니
구부러진 등, 등에 붙은 배
영락없는 박수근의 굴비다
제사상에 놓은 굴비 한 점도
손주 입에 넣어주려고
돌 박힌 머리가 맛있다, 하시던
그 사랑 가시가 되어 목에 걸린다
끝없는 들판, 집 앞에 펼쳐져 바다 같았어도
굴비의 꼭 다문 입처럼 배고프셨던 일생
뒤늦은 후회가 고봉으로 내 밥숟갈에 얹힌다
온몸 **뼈**만 남기고 아니지
뼈까지도 손주에게 주고 싶었을
그 마음이 울컥 목에 걸려
나는 차마 굴비를 먹을 수 없다
저기 저렇게 걸어두는 수밖에

음식, 내가 만들어보니

세상맛이 내 입에 맞지 않는다고
수저를 던질 일 아니다
세상맛에 내 입을 맞춘다면
맛없는 세상은 하나도 없을 것

여태 아내가 해준 음식을 먹으면서
싱겁다거나 때로는 짜다고 쓰다고 했는데

아내가 아파서 병원에 있고
내가 먹을 음식 내가 해보니
맹탕인지 짠지 쓴지도 모를
내 맛도 네 맛도 아닌 걸 그래도
내 입을 음식에 맞추어야지 하고 먹으니
그런대로 먹을 만한 것을

비의 웃음

장대같이 키가 큰
비는
발은 작아서 아주 작아서
풀잎 하나도 밟아놓지 않습니다
풀잎 사이사이로 발을 내딛거나
풀잎을 밟을라치면
미끄럼틀에 미끄러지듯 미끄러져
제 엉덩이를 땅에 찧고
헤헤 웃습니다

격

오리와 기러기
거기서 거기지만
날아가는 모습을 보면
오리 떼는 바람에 날리는 왕겨 같고
기러기 떼는 선비들 행렬 같고
오리와 기러기
거기서 거기지만

줄기 없이 피는 꽃이 어디 있으랴

줄기 없이 피는 꽃이
어디 있으랴

키 큰 해바라기도
키 작은 앉은뱅이도

보이지 않는 뿌리
따라 줄기가 자라고

저 나름대로 저에 맞는
노력으로 줄기를 기르고

세상에 내어 놓았으리
환하게 웃음 웃는 한 송이 꽃을

평화의 전쟁

총에다 현을 걸자
포탄에다 물감을 담자
원자폭탄에 축포를 채우자

포탄을 쏘면
적군들 진지에 그림이 그려지고
총에 걸린 현을 퉁기면
적들이 춤을 추고
원폭이 하늘 가득
축포를 터트려주는

그런 전쟁을 할 수는 없을까
평화의 전쟁을

은하에 발 담그고

밤마다
은하에
발을 담근다

작은 별들이
조그만 입으로
각질을 뜯어먹는다
조금 간지럽기도

전세금 날려버려
쫓겨 온 집
벽 밖으로 다리 내놓아야
잠이 드는 집

언젠가 돌아가서
어린 날 다시 되어 물놀이할
연습을 하고 있다 나 지금

사랑으로

꽃피는 계절입니다
온 세상 구석구석 꽃이 피듯
내 마음에도 당신의 마음에도
꽃이 가득 피었으면 좋겠습니다

꽃이 피면
벌 나비 찾아오지요
벌 나비는
꽃을 위해 찾아오는 것이 아닙니다
제가 먹을 꿀물을 훔치러 오는 것이지요
꽃은 그걸 알면서도
등불을 밝혀두고
대문을 열어두고
모른 척 가만히
꿀물을 넉넉히 내어줍니다
벌 나비도 그걸 느끼고 손짓 발짓 다해
암술머리에 수꽃가루 화환을 씌워주고

석류

모델 한번 해볼까
늦은 나이에 지원했더니

크게 웃어보세요
카메라 들이댄다

억지로 웃으려니
작은 웃음도 안 나와

얼굴 붉어져 나오려는데
그때 이빨 쏟아지도록 저절로 터지는 큰 웃음

궁남지에서

잠자리가 호수의 배꼽을 탁탁
애무하며 사랑을 하고 있다
저 커다란 호수와 작은 잠자리의 사랑이
가당키나 한가 천박한 내 생각을 부정하듯
연잎들 슬그머니 웃으며 좌우로 고개를 젓는다
저 사랑놀음
호수는 재미있어 얼굴 가득 웃음을 웃고
잠자리는 신이 나서 춤을 춘다
마음속에도 마음 밖에도 연꽃 가득 달아놓아
신방은 더욱 곱고도 신비로운 빛깔로 차 있는 날
이루어지려는
맑고도 순수한 사랑 푸르도록 깊어
내년 봄 호수는 하늘에다 수놓을 잠자리 새끼들
오물오물 낳아 기르며

진도에 가다

동백꽃이 피어나며 매기는
붉고도 붉은 선소리에
후렴을 붙이겠다고
북장구 메고 찾아갔더니

얼-쑤- 조오-타-
매화가 무릎 치며
추임새를 넣고 있네

머쓱하여 문전에 서성거릴 때
어서 오시라
홍주가 손짓으로 불러
홍주의 치맛자락 만지며
허벅지 베고 누우니
내 얼굴 동백 꽃빛이라 하면서

실향민 김 씨

오늘은 그 사람이 오지 않았다
무슨 일이라도 있는 것인가
와도 걱정 안 와도 걱정을
하는 내가 우습다
늦은 저녁시간 문 닫을 무렵이면
술 취해 들어와 깡소주 한 병 마시며
부모 버리고 혼자 내려온 것이 죄가 되어
외동자식 오토바이 사고로 죽었다며
울며불며 소줏값 열 배도 넘는 넋두리를
다 듣고 나면 내가 지쳐버리는 매일매일 저녁
안 오면 홀가분할 줄 알았는데

문 닫기를 미루고

화해花蟹

입에 문 거품들이
시앗 본 아랫동네 파도 댁 수다 같다
손짓 발짓 입 가득 거품 물며
무슨 얘기 하는 걸까
신세 한탄일까
앞걸음으로 한 번도 가보지 못한 길
조상 향한 원망일까
세상에 사랑이야기보다 더
재미있는 이야기는 없다는데
꿀 바른 사랑이야기일까
솥 안에 들어가면서도 소설 한 권씩 쓰고 있다

그 많던 얘기들 다 잘 익었는지
솥 안 가득 뜨거운 고요가 붉은 꽃으로 피어

이별

남편이 죽자
아내가 몸부림쳐 울면서
나랑 같이 가요
나랑 같이 가요
관을 잡고 혼절할 듯 울 때
염장이가 입관을 하면서
관 뚜껑에 못 칠 때
긴장하고 급하여
여인의 옷자락이 관에 물린 걸
모른 채 못이 쳐져서,
여인은 옷자락이 빠지지 않자
아이고오 이 옷 좀 놓고 가씨요
아이고오 이 옷 좀 놓고 가씨요

    찬나야, 인생이란 홀로 태어나
    홀로 죽는 것이다. 어찌
    너와 함께 갈 수 있겠느냐. 붓다(싯다르타)

들꽃

있는 듯 없는 듯
그렇게 살아왔다

위쪽에 서보지 못했다
질척한 아래쪽은 아니라도
그저 비탈진 언덕 같은 곳

'자세히 보아야 예쁘다
오래 보아야 사랑스럽다*고
어떤 시인은 말했지만
어느 누가 자세히 보아주고
어느 누가 오래 보아주었던가

차라리 비뚤어지거나 우습게
이상하게라도 생겼더라면

햇볕은 모두를 비춰주었지만
나만 비껴가는 것 같았고
바람은 모두에게 불어왔지만

나에게만 불어온 것 같았다

나는 나의 힘으로 서는 수밖에 없다
밤낮으로 마음속에 다지고 다져온
들꽃의 철학이다

*나태주 시인의 시

생애

"생애가 나간다."
서울 사람들은 상여가 나간다고 하는데
전라도에서는 생애가 나간다고 한다
곰곰이 생각해보니
생애가 나간다고 하는 말이
상여가 나간다고 하는 말보다
더 옳은 말 같다
시적인 말이다
한 사람의 전 생애가 나가니
생애가 나간다는 말이 맞다
전라도 사람들은 모두 다 시어를
평상시 말로 쓰고 있는 것을
나만 이제야 알았을 뿐

고향 3제

1. 새벽에 온 전화

따르릉따르릉 따르릉따르릉
새벽에
가슴이 덜컹 내려앉는다

며칠 전 고향에 갔을 때
아흔 해 봄 여름 가을 겨울
꽃 피고 새 울고 얼음이 녹아내려
졸졸졸 흘렀던 맑은 물
흔적 찾을 수 없이
소리도 말라붙고 긴 겨울 가뭄을 못 이긴
실낱같은 숨결 겨우 붙잡고 있는
이제 다시 잎 피기 어려울 것 같은
부모님을 두고
가슴에 비 젖으며
안개 자욱한 눈으로 돌아왔는데

죄송합니다
전화를 잘 못 걸었네요

수화기 놓는 소리에

네, 감사합니다
네, 감사합니다
네, 감사합니다
네, 감사합니다

2. 숙부님을 보내며

산모퉁이 돌면서 뒤돌아보니
대문 앞에 손 흔들고 계시는 모습
그대로인데
이제는 볼 수 없구나

애들은 다 잘 있느냐 물으시던
그 말씀이 그 목소리가 그 눈빛이
그대로인데
이제는 볼 수 없구나

춘삼월 꽃들이 만발한 길을
평생의 인자함으로 덕으로 가시는데
울지 않으려 애를 써도 왜

눈에서는 눈물이 이렇게 나옵니까

겨우내 죽어있던 나무들 다
새싹이 돋아나오는데……
울지 않으려 애들 써도 왜
눈에서는 눈물이 이렇게 나옵니까

3. 저물녘

가만히 들여다보는 것만 같다
누군가
가만히 들어올 것만 같다
누군가

언뜻 바라보면

창밖엔
꽃 한 송이 흔들리고
창밖엔
새 한 마리 날아가고

텅 빈

오래된 독서

가장 쉽다고 읽었는데
가장 난해한 독서가
여자를 읽는 법이었구나

어머니는 고전 중의 고전
아내는 교과서 중의 교과서
애인은 베스트셀러 중의 베스트셀러

겉장을 덮은 지 이미 오래인데
머리에 갑자기 떠올라
정독을 못 한 내용들이, 이제야

상념은 고요히 흐르지 못하고
여울져 소를 만들어

건너기가 불편하구나
마음이 뒤뚱거려 오늘 하루를

억수장마 질려나

마늘 갈아주고
마음이 아리다

어디서 그리도 작은
마늘을 사서 깠는지
새끼손톱보다 작은

어려 보이는 새댁이
마늘을 갈러 왔기에
1000원만 받았더니
1000원을 꼭 더 주었다
받거니 안 받거니,
실랑이 끝에 기어코
주머니에 찔러주고
가버린 1000원

간 뒤에 이유 없이
간장 먹은 듯
속이 아리다
누가 건드리면 눈물이
왈칵 쏟아질 것 같은

두부

내가 너를 으스러지도록
사랑하는 것은

네가 나를 좋아하는지는
알 수 없지만
나는 너를 너무나 사랑하기
때문이다
나는 너의 그 순백을
좋아하고
아무 데나 어울리는
넉넉함과 빙긋이 웃는 웃음을
좋아하고
너의 그 부드러움을
좋아하고

너의 그 순수가 나에게
스며들기를 바라서다

- 새벽, 정하선 2018년